AF263833

LA LIBRE PENSÉE

A

PERDU LA FRANCE

LE CATHOLICISME

SEUL

PEUT LA SAUVER

Par J. REIMANOIR

(AVEC UN APPENDICE TRÈS-INTÉRESSANT.)

« Roma o morte. »
La vie ou la mort.

Paris. — Imprimerie de Ad. Lainé, rue des Saints-Pères, 19.

LA

LIBRE PENSÉE A PERDU LA FRANCE

LE

CATHOLICISME SEUL PEUT LA SAUVER.

Je désire depuis longtemps démontrer :

1° Que la libre pensée est au point de vue politique et social un immense danger ;

2° Que la libre pensée est au point de vue religieux une aberration voisine du crétinisme, en dépit de la haute intelligence de quelques-uns de ses adeptes.

Je crois que le moment est venu de démontrer la première proposition, et c'est le but que je me suis proposé en publiant cette brochure. Je veux prochainement démontrer la seconde dans un livre intitulé : *Recherche méthodique de la vérité religieuse.* La brochure est la préface du livre.

Si le lecteur tient à l'élégance du style, à la variété et à la souplesse des formes, je dois l'avertir dès maintenant qu'il va être complétement déçu ; mais s'il aime la vérité, s'il veut la chercher de bonne foi, s'il veut, ne se contentant pas, suivant la mode du jour, de voir la surface, aller au fond de la question sociale, s'il veut sonder la plaie, je crois qu'il ne perdra ni son temps ni son argent ; car je ne suis que trop convaincu de la réalité de ce que je vais dire, et j'espère lui faire partager ma conviction.

Je dérogerai à l'usage, en établissant des divisions dans cette brochure : ces haltes reposent l'esprit du lecteur, et lui donnent une idée plus nette de l'ensemble. Je le préviens aussi que je ferai de nombreux renvois, car je veux parler d'une foule de choses, qui, tout en ne se rattachant pas assez étroitement au sujet pour entrer dans le plan, n'en offrent pas moins un certain degré d'intérêt. Ayant écrit ces lignes à Versailles pendant le siége, je conserve la date à laquelle elles ont été écrites.

Versailles, le 15 mai 1871.

I.

La libre pensée est la cause de nos malheurs (1).

L'Assemblée nationale va nommer une commission pour rechercher les causes de l'insurrection du 18 mars. Cette commission parlementaire va déterminer à son point de vue la part de responsabilité des hommes et des institutions dans cette criminelle orgie, qui étonnera les générations futures. Quant à moi, qui ai procédé pendant la lutte, et dans un but tout à la fois religieux et patriotique, à une enquête pour mon propre compte, je n'hésite pas à dire que la grande coupable, celle qui résume toutes les responsabilités, c'est la *libre-pensée.*

Il y a longtemps que les catholiques savaient et disaient que la libre pensée exposait la société à d'immenses périls ; l'incroyable désordre d'idées qu'elle engendre dans les esprits les mieux trempés leur faisait prévoir un cataclysme prochain, et je partageais cette opinion depuis longtemps. Pendant cette épouvantable

---

(1) N'ayant pas pris la plume pour démontrer cette proposition, je ne ferai qu'indiquer mes idées à ce sujet.

tourmente, qui a failli faire sombrer la France, j'ai pu me convaincre de plus en plus par la réflexion et par un examen minutieux des faits que la *libre pensée* est la vraie cause de la crise sociale, et qu'il n'y a qu'un moyen de régénération, le catholicisme.

Voilà les deux propositions que je veux démontrer à mes lecteurs.

Si je ne craignais d'allonger trop cette brochure, je voudrais prouver que la libre pensée n'est pas seulement responsable de la crise sociale, mais encore de nos revers, par la mauvaise direction qu'elle a fait imprimer à la politique extérieure de la France; je pourrais même faire peser sur elle cette responsabilité à raison des crimes de lèse-majesté divine qu'elle a commis ou fait commettre ; mais ce langage ne serait pas compris. Mes contemporains, qui ne parlent que de solidarité, ne se doutent pas le moins du monde qu'il existe dans l'ordre surnaturel entre les bons et les méchants une redoutable solidarité, tout au désavantage temporel des premiers.

Et pourtant la guerre de 1870 fut déclarée le *lendemain* du jour où avait été proclamée l'infaillibilité pontificale, objet de tant de sarcasmes !

Et pourtant notre premier revers (Forbach, 4 août) coïncida jour pour jour avec le *premier* départ de troupes françaises du territoire pontifical, honteusement livré à l'Italie !

Et pourtant notre glorieux désastre de Reischoffen fut connu dans nos communes *le dimanche* 7 août !

Et pourtant la catastrophe de Sedan eut lieu dix ans *jour pour jour* après l'entrevue de Napoléon III se rendant en Algérie et de Victor-Emmanuel prêt à envahir les États de l'Église ! (2 septembre.)

Et pourtant cette catastrophe fut connue dans nos communes *le dimanche* 4 septembre !

Et pourtant ce fut *le dimanche* 4 septembre que les hommes de septembre, qui devaient tout sauver et ont tout perdu, escaladèrent le pouvoir pour le malheur de la France !

Et pourtant l'investissement complet de Paris, après l'affaire de Châtillon, coïncida avec l'investissement de la ville éternelle par les Italiens (20 septembre) !

Et pourtant la douloureuse nouvelle de la reddition de Metz parvint dans nos communes *le dimanche* 30 octobre !

Et pourtant l'armistice-capitulation Favre y fut connu *le dimanche* 29 janvier !

Et pourtant la remise à nos ennemis des forts de Paris eut lieu *le dimanche* 29 janvier !

Est-ce assez ? Ah ! si nous étions moins légers (1) !

---

(1) L'incrédulité aura beau faire, c'est en vain qu'elle veut bannir le *divin* de ce monde ; proscrire le *surnaturel*, c'est supprimer le monde : le *surnaturel* et le *naturel* coexisteront ici-bas jusqu'à la fin des temps, indissolublement unis comme la cause et l'effet. Le miracle même, qui est une dérogation aux lois de la nature, et que je crois pouvoir définir la *manifestation exceptionnelle de la cause par un signe sensible,* le miracle subsistera dans l'humanité en dépit de toutes les protestations et de tous les aveuglements.

En 1846, la Reine du ciel daigne visiter aux champs deux humbles bergers, Firmin Guiraud et Mélanie Mathieu. Elle confie à la jeune fille le secret des épreuves, et au jeune garçon le secret du triomphe. Quels sont ces secrets que Pie IX seul connaît ? — Il n'importe au monde *qui en rit.*

En 1858, Marie *Immaculée* daigne encore converser plusieurs fois avec la petite Bernadette Soubirous, fille d'un pauvre meunier de Lourdes. A sa parole, l'eau jaillit du rocher comme sous la verge d'Aaron, et cette eau coulera désormais pour le « *salut des infirmes.* » « Je suis l'Immaculée-Conception, dit-elle. Pénitence ! Pénitence ! Pénitence ! » *Le monde rit.*

Enfin, le **17** janvier 1871, nouvelle apparition au Pontmain, diocèse de Laval, de Marie « *Consolatrice des affligés* ». Un des petits enfants favorisés de la vision miraculeuse est si jeune qu'il ne peut que balbutier en agitant ses petits bras : « Jésus ! Jésus ! » Sur un grand écriteau d'une blancheur éblouissante et encadré d'or, placé « sous les pieds de la Dame », une main invisible trace lentement en lettres d'or ces trois phrases grosses de promesses :

« Mais priez Dieu, mes enfants ; »
« Dieu vous exaucera en peu de temps, »
« Mon fils se laisse toucher. »

Un grand trait doré souligne la dernière phrase.

Le monde *rit toujours.*

Mais nous voici au **17** mars 1871, *deux mois jour pour jour après l'apparition.* Voyez-vous ce brillant météore qui trace lentement dans l'éther un sillage lumineux ? C'est *le grand trait doré* de Pontmain ; c'est le signal de la guerre impie contre le Christ et l'ordre social : « Canonniers de Montmartre, à vos pièces ! Le Christ veut vaincre ses ennemis. » *Judicabit in nationibus, implebit ruinas; conquassabit capita in terra multorum.*

Riez encore aujourd'hui, fils de Brutus et de Voltaire, car il ne vous sera peut-être plus donné de rire demain. Quand viendra-t-il ce jour redoutable ? En tout

Quoi qu'il en soit, je me bornerai à indiquer, en passant, que c'est la libre pensée, qui, en faisant entreprendre la guerre d'Italie pour ébranler une puissance catholique et abattre le pouvoir temporel du Pape, a suggéré à la Prusse l'idée de s'agrandir aux dépens de l'Autriche affaiblie. La guerre de 1870 n'a été que l'application du système inauguré par la Prusse en 1866, et la conséquence logique de la guerre de 1859 ; tant il est vrai que les intérêts de la France et de l'Église sont indissolublement unis.

A un autre point de vue, c'est encore la libre-pensée qui a jeté partout la désorganisation, en y introduisant son inséparable compagnon, l'esprit révolutionnaire. Notre armée n'a pas pu se préserver entièrement de la contagion, et c'est encore une des causes de nos revers.

Sous le bénéfice de ces observations, je m'occuperai principalement de la redoutable crise que nous traversons. Après en avoir recherché les causes, j'indiquerai la nature du remède le plus propre à en prévenir le retour.

II.

La libre pensée est la cause de la crise sociale.

Je négligerai les causes secondaires de la crise, qui sont nécessairement nombreuses et complexes ; je ne parlerai pas davantage des causes *occasionnelles* (1) : personne n'ignore que, quand la mine est chargée, il suffit d'une étincelle pour déter-

---

cas il viendra, jour de colère pour les uns et de miséricorde pour les autres. Heureux ceux qui verront l'aurore du lendemain !

O vous qui raillez ma foi naïve, et n'avez à la bouche que le mot **fa-ta-li-té**, essayez donc pour votre châtiment de m'expliquer ce que vous voulez dire par ce mot creux et sonore que je trouve *si bête !*

(1) La guerre, l'armement de la garde nationale parisienne et la présence des hordes garibaldiennes, appelées en France avec tant d'à-propos par MM. Crémieux et Glais-Bizoin.

miner l'explosion ; mais je prétends que la libre pensée est la cause principale de la maladie qui nous ronge.

En effet, que de maux épargnés à la France, si les *communeux* ou *communistes*, de quelque nom qu'on veuille les appeler, avaient conservé seulement une teinture de christianisme ! Ne croyant plus qu'au néant, prenant ce *lieu d'épreuve* pour le *but final* de l'existence humaine, ces pauvres égarés n'entendent plus rien au mystère de la vie (1). La souffrance à laquelle tout mortel est assujetti de par la volonté du Créateur, qui a daigné nous en donner l'exemple, la souffrance les irrite, parce qu'ils n'en comprennent plus le rôle dans le plan divin. Est-il donc si surprenant que, avec de pareilles dispositions, ils ne voient dans la société, telle que Dieu l'a établie, qu'une horrible invention destinée à les torturer ? Que, n'étant plus retenus par la crainte des châtiments éternels, ils s'insurgent contre l'ordre social? Hélas ! non, la libre pensée conduira fatalement *le prolétaire* à la révolte, s'il est malhonnête, au suicide, s'il a conservé un reste d'honnêteté. Oh ! oui, les princes de la libre pensée, ceux dont les coffres-forts sont pleins, ou qui ont des terres au soleil, ceux-là pourront se passer de Dieu (*et encore !*) ; mais *le prolétaire* qu'ils empoisonnent avec leurs fausses doctrines, jamais! La libre pensée le conduira, j'oserais dire *logiquement,* à la révolte ou au suicide, à moins qu'il ne rencontre sur la route *la folie* ou la mort.

La crise actuelle, et c'est le seul avantage que nous retirerons de nos malheurs, établit si clairement cette triste vérité, qu'il n'y a pas d'illusions possibles. Il y a en effet à Paris des prolétaires catholiques ; eh bien ! je porte à l'incrédulité le défi d'en trouver *un* dans les rangs de l'insurrection. Non ! on ne trouvera pas *un vrai* catholique dans les rangs des *vrais* insurgés ! Interrogez tous les communeux, depuis le simple soldat de l'émeute jusqu'aux scélérats galonnés qui les commandent, et tous proclameront qu'ils sont libres-penseurs. Le lendemain du jour où elle vient de demander un service à l'archevêque de Paris, la

---

(1) « Je suis la lumière du monde. Celui qui me suit ne marche pas dans les ténèbres, mais possède *la lumière de la vie.* » (Jean, VIII, 12.)

veuve du *général* Duval n'a rien de plus pressé que de déclarer cyniquement dans les journaux de la Commune qu'elle « hait les prêtres plus que jamais ». Enfin la *chasse au prêtre*, organisée dans tout Paris par ces Peaux-rouges des bords de la Seine, ne saurait laisser l'ombre d'un doute aux gens de bonne foi : les communeux sont libres-penseurs, c'est-à-dire athées ; car les disciples n'entendent rien aux subtilités philosophiques de leurs instituteurs ; le peuple va droit au but ; la libre pensée du peuple, c'est l'athéisme, le matérialisme le plus abject.

Le lecteur doute-t-il encore ? qu'il lise le témoignage peu suspect du journal *la Montagne :*

« L'instruction (*quelle instruction, grand Dieu!*) nous a rendus sceptiques ; nous avons vu Sibour choquer son saint-ciboire contre le verre fêlé de Bonaparte ! Nous savons de quoi est rouge le talon de la mule du Pape. C'est fini ! Nous ne croyons plus en Dieu : **la révolution de 71 est athée.** Notre république a un bouquet d'immortelles au corsage. Nous menons sans prières nos morts à la fosse, etc. » (1).

Je ne puis continuer la citation, tout le reste est ignoble. Est-ce clair ?

Eh bien ! oui, le citoyen rédacteur a raison, **la révolution de 71 est athée,** et c'est pour cela, ne lui déplaise, qu'elle ne durera pas longtemps ; « le bouquet d'immortelles » ne la préservera pas de l'avantage d'être « menée sans prières à la fosse » commune.

Mais tous les libres-penseurs, me dira-t-on, ne sont pas communeux (2). Non, fort heureusement ; et encore combien n'y en

---

(1) Article reproduit dans *la Liberté* du 22 avril.

(2) Certains libres-penseurs ne sont pas communeux, c'est vrai ; mais devons-nous leur en savoir gré ? En quoi diffèrent-ils des communeux ? — Il y a entre les uns et les autres cette différence que les premiers *possèdent* et que les seconds *ne possèdent pas :* ils ont au cœur, les uns et les autres, les mêmes instincts, la même haine contre la religion du Christ. Seulement, les premiers veulent étouffer tout doucement ce que les autres veulent détruire immédiatement par la violence.

L'Univers, de Paris, du 29 avril, met parfaitement le doigt sur la plaie, dans un article d'où j'extrais les lignes suivantes : « Entre le socialisme qui nie Dieu trop ouvertement, et l'Église qui l'affirme d'une manière si désagréable à la phia-t-il pas qui cachent leurs sympathies, dans la crainte d'un échec? Tel qui nage entre deux eaux, ne relèverait-il pas la tête le lendemain de la victoire?

Enfin, je veux bien le concéder, tout libre-penseur n'est pas communeux *dans la pratique;* mais tout libre-penseur est plus ou moins révolutionnaire, et surtout pas un communeux qui ne soit libre-penseur. **Caveant Consules !**

C'est ici le lieu de placer une remarque dont les républicains sincères devraient bien faire leur profit : la possibilité d'établir la forme républicaine en France diminue en raison directe de l'affaiblissement de la foi. Les faits sont parfaitement d'accord avec la théorie : la république ne va-t-elle pas être victime pour la troisième fois d'une minorité factieuse et incrédule?

Elle est donc bien grande l'erreur de ceux qui prétendent ne rattacher notre plaie sociale qu'à l'existence du prolétariat, puisque le prolétaire s'insurge ou ne s'insurge pas, suivant qu'il est ou n'est pas libre-penseur. Tous les communeux ne sont pas même prolétaires, témoins Flourens, Billioray, Rochefort, etc.; mais tous, je voudrais le proclamer sur les toits, sont libres-penseurs. C'est donc plutôt comme libre-penseur que comme prolétaire que le communeux s'insurge, et la raison de ce fait incontestable est facile à trouver : la haine et l'envie doublent les souffrances du prolétaire libre-penseur, tandis que le prolétaire croyant trouve dans l'espoir d'une compensation un véritable allégement de ses souffrances; la haine et l'envie mettent l'arme fratricide aux mains du premier, pendant que l'espérance et la charité maintiennent l'autre en paix avec Dieu et le genre humain : celui-ci savoure d'avance le bonheur du ciel (1).

Tout ceci nous démontre une fois de plus que la perte de la foi est le plus grand malheur qui puisse arriver à l'homme,

---

losophie, à la science et à la politique, ne pourrait-on former une entente où l'Église serait honnêtement sacrifiée, où la vérité serait garrottée d'une certaine manière, où le socialisme serait vainqueur et dominateur sans trop de brutalité, *au profit seulement d'un petit nombre,* qui jouirait du bénéfice de la tyrannie et de l'asservissement des âmes modestement, sagement, habilement? »

(1) « Je me réjouis de ce qu'on m'a dit : Nous irons dans la maison du Seigneur. » Ps. CXXI, 1.

même au point de vue de son bonheur terrestre : le cœur de l'homme est affamé de justice et de bonheur, et la libre pensée pourra le contenter quand elle saura rendre l'ouïe aux sourds, la vue aux aveugles, et aux perclus l'usage de leurs membres; quand elle saura rendre à la fille, à la mère, à la fiancée, à l'épouse le cher être tombé sous un plomb meurtrier, ou prématurément moissonné par la maladie; quand elle aura, en un mot, un remède souverain pour toutes les infirmités physiques et morales, quand elle pourra *guérir les incurables* et *consoler les inconsolables :* jusque-là, que la cruelle laisse au moins à l'infortuné l'espoir des compensations futures, la résignation.

Ah! si les communeux croyaient comme nous à la vie éternelle, et savaient qu'au ciel la place du pauvre est au premier rang! Ah! s'ils savaient que l'Église n'a rien trouvé de meilleur à souhaiter au riche quittant ce monde que « l'éternel repos à côté du pauvre Lazare (1)! » Mais la libre pensée a écrit sur la porte de sa maison, comme le Dante sur celle de son enfer, cette sentence écœurante : « *Lasciate ogni speranza,* » laissez ici toute espérance, *sauf l'espoir de la révolte ou du suicide.*

Il reste en effet une espérance au cœur du prolétaire qui a franchi le seuil de la demeure maudite de la libre pensée, l'espérance de l'insurrection, c'est-à-dire de l'assassinat; car il n'est pas possible de le contester, l'insurgé de 1871 n'est pas un belligérant, c'est un véritable *assassin;* et la libre pensée, qui nous promettait naguère, par la bouche d'un de ses prophètes, de nous faire des *hommes,* et des « *hommes sans peur* », ne nous a donné en réalité que des *assassins* (1). Oui, les professeurs de libre pensée peuvent se vanter d'avoir enfanté des légions d'assassins et d'ânes féroces, d'avoir déchaîné sur la France

---

(1) *Et cum Lazaro quondam paupere æternam habeas requiem.* (Office des morts.)

(1) Voici, suivant le *Salut public* de Lyon, quelle était l'organisation du complot infernal ourdi par les auteurs du mouvement qui a éclaté à Lyon le 30 avril : « A deux heures de l'après-midi, le préfet, le général, l'archevêque, le procureur de la république et le directeur de la sûreté générale devaient tomber sous le couteau des assassins aux gages de la Commune, sous les ordres d'un nommé Payet, ex-garde urbain. »

la plus épouvantable guerre civile qui ait jamais ensanglanté le monde. Signe du temps, et qui fait honneur à notre sagacité politique, nous appelons assassin et nous punissons de mort celui qui prend la vie d'un seul de ses semblables ; mais nous élevons des statues aux *illustres écrivains* qui se servent d'une plume empoisonnée pour assassiner en masse les âmes et les corps ! C'est sur un piédestal et en triomphateur que le Prussien Voltaire, avec sa face grimaçante, assistera au passage de ces multitudes vouées par ses doctrines impies à la honte, au carnage et à l'assassinat ! C'est toujours comme au temps d'Alexandre le Grand : « On m'appelle voleur, lui disait un pirate, parce que je pille un navire, et vous qui volez des flottes et des provinces, on vous appelle conquérant. » N'est-il pas révoltant, le spectacle donné par une société qui s'obstine à faire des insurgés par les doctrines matérialistes qu'elle répand à grands frais, pour les massacrer ensuite périodiquement ? Voilà pourtant ce que nous faisons en France.

Quel terrible compte ils auront à rendre, les encyclopédistes du dernier siècle, les philosophes et la plupart des écrivains de nos jours ! Le sang qui coule à flots ne crie-t-il pas vengeance vers le ciel contre eux et contre tous ceux qui ont une part de responsabilité dans les événements actuels ? Et qui donc peut se flatter d'être à l'abri de tout reproche ? L'État est athée, l'Université est son prophète, et la plupart des fonctionnaires ses complices (1). Le riche se tient trop éloigné du pauvre, est quelquefois égoïste, plus souvent fastueux, presque toujours hautain. La peinture, la gravure et les femmes sont décolletées ; la statuaire est nue, et la scène est impudique.

Et la presse ? Ah ! la presse ! Si *la notion du juste et de l'injuste a disparu* parmi nous, la presse peut bien se frapper un peu la poitrine. Quand la révolution congédia le vieux roi Charles X, la presse applaudit ; quand la révolution chassa Louis-Philippe, la presse applaudit ; quand la révolution donna le

---

(1) Mon langage ne doit pas être pris à la lettre ; je suis obligé de généraliser ; mais j'admets toujours de nombreuses exceptions.

coup de pied de l'âne à Napoléon III, la presse trouva que c'é-
tait amusant, *même en face de l'ennemi.* De même, les hordes
garibaldiennes envahissent Naples, c'est bien : c'est un Bourbon
qui tombe ; elles envahissent les États de l'Église, ce n'est rien :
ce n'est qu'un moine couronné qui descend aux catacombes avec
une superstition vieille de dix-neuf siècles, ou plutôt vieille
comme le monde. Enfin, elles envahissent la France sous le
prétexte de la défendre, *e sempre bene,* c'est parfait, nous
sommes sauvés, dût-on inventer des victoires ! Mais..... (il y a
toujours un *mais* en révolution), mais aujourd'hui que ces mêmes
hordes, jointes à celles de Paris, s'avisent d'attaquer les coffres-
forts et de crocheter les serrures, il faut voir la presse se voiler
la face, crier au voleur, et appeler l'honnête sergent de ville !
Merci, Messieurs les malandrins, vous nous rendrez peut-être
service.

Une certaine portion de la presse dite de l'ordre a fait plus de
mal peut-être que la presse révolutionnaire, contre laquelle on
était prévenu : sans l'action de la première, qui avait tout pré-
paré, la voix de la seconde n'eût pas trouvé d'écho ; la seconde
n'a eu qu'à mettre le feu aux poudres amassées par la première.
Courage, bonnes gens du grand parti de l'ordre ! Continuez à
déverser vos sarcasmes sur ce qu'il y a de plus vénérable au
monde ; sapez l'autorité de l'Église, insultez le Pape, décriez le
clergé. Vous faites de belle besogne ! Mais dites en même temps
à vos femmes et à vos filles de préparer de la charpie, car il en
faudra tantôt.

J'allais oublier d'attribuer sa juste part de responsabilité à la
société soi-disant philanthropique de la Franc-Maçonnerie. Ses
vénérables de tous rites et obédiences, armés de la truelle sym-
bolique, qui n'a jamais servi qu'à démolir, sont à l'œuvre dans
le monde entier. Vrais termites, ils possèdent à fond l'art de
ruiner l'édifice sans effrayer le locataire, qui leur prête souvent
son concours avec une bonhomie parfaite. Les derniers loca-
taires des Tuileries connurent cette faiblesse, et ils durent dé-
ménager sans tapissières. L'habile société *travaille* ordinairement dans l'ombre, et nul *profane* ne peut pénétrer les mystères
de ses *ateliers.* Mais voici qu'elle juge les *travaux* suffisamment

avancés pour lever le masque et se jeter dans la mêlée ; la **révolution athée** de 71 lui devra une récompense pour action d'éclat sur le champ de bataille : les *vénérables* de Paris se sont réunis le 21 avril et ont envoyé des ambassadeurs à Versailles, avec mandat de « *demander énergiquement la paix,* **basée sur le programme de la Commune** ». A la bonne heure, voilà ce qui s'appelle parler : ce n'est pas une amnistie qu'il faut aux protégés de la Franc-Maçonnerie ; c'est la paix, *et une paix basée sur le programme de la Commune*, encore ! Et si vous n'obéissez pas à l'injonction, Monsieur Thiers, vous verrez bientôt beau jeu en France, et vous déménagerez sans tapissières. *Denique tandem !* Enfin ! *habemus confitentem reum*, nous avons le programme de la Franc-Maçonnerie, *qui est celui de la Commune*. Ne seront dupés désormais que les niais qui le voudront bien.

III.

Le Catholicisme peut seul nous sauver.

Pas d'illusions, sachons envisager la situation telle que nous l'ont faite toutes ces causes réunies, manifestations variées et multiples de la libre pensée : les villes sont gangrenées, comme le prouvent les tentatives de conciliation des corps électifs urbains, et les campagnes sont plus ou moins entamées (1). Encore quelques pas dans la voie où nous précèdent nos « mulets

---

(1) La libre pensée émousse toujours et déprave souvent le sens moral : l'attitude étrange de la meilleure portion du peuple parisien au début de l'insurrection, et les tendresses des populations urbaines pour la commune, n'ont pas d'autre cause. Qu'on me cite un catholique, un seul, qui ait signé une adresse à la commune, ou qui se soit associé à de ridicules démarches de conciliation ! La libre pensée, en nous ôtant la claire notion du juste et de l'injuste, a introduit en France une défaillance morale, une irrésolution et une impuissance telles que nous sommes, *pour le moment*, la risée de l'Europe. C'était vraiment bien la peine de prendre de grands airs avec le Pape et le *Syllabus ! Dispersit superbos mente cordis sui.*

révolutionnaires », *et l'armée est communeuse*. Sur quoi vous appuierez-vous alors, bonnes gens du parti de l'ordre? Gare le *Syllabus* et les jésuites !

Oui, réagissons promptement, ou tout est perdu. Aux grands maux les grands remèdes, dit l'adage; et Dieu sait si nous sommes malades ! Le corps social, menacé de dissolution, est rongé par un affreux ulcère. Il fallait d'abord, pour empêcher l'ulcère de s'étendre et le guérir, y appliquer un topique énergique; ce topique, c'est le canon, qui a la parole aujourd'hui, et qui parlera bien, j'aime à le croire. Mais il ne suffit pas de guérir la plaie extérieure, qui n'est qu'un symptôme; il faut résolûment attaquer le mal dans la source, supprimer les causes pour supprimer les effets.

Pour Dieu, ou par *philanthropie,* tentons l'impossible pour prévenir à jamais le retour de ces *tueries* qui menacent de devenir périodiques en France. Non-seulement étudions dans un esprit de concorde et de charité les questions économiques et sociales qui peuvent intéresser le plus grand nombre, mais évitons, même si nous avons le malheur de ne pas croire, évitons, dans l'intérêt social et *humanitaire,* de propager des doctrines dont les effets sont certains et désastreux; abstenons-nous d'enseigner au peuple l'irrévérence envers tout ce qu'il doit respecter *pour son bonheur.* Ne perdons pas de vue que la libre pensée double la somme des souffrances physiques et morales du prolétaire, et n'assumons pas sur nos têtes la responsabilité du sang qui coulerait dans l'avenir.

Mais l'emploi de ces précautions indispensables ne suffirait pas à nous préserver de la rechute; il servirait tout au plus à enrayer le mal : le malade qui veut sérieusement guérir ne se borne pas à renoncer aux aliments et aux liqueurs qu'il a reconnus nuisibles à sa santé, il joint à ce *régime* l'usage d'un remède, qui, en éliminant les principes morbides, dépure le sang, et assure la guérison parfaite et durable. De même la société, si elle veut guérir, ne devra pas seulement renoncer aux lectures empoisonnées qui ont délabré sa santé, mais accepter courageusement le seul remède qui peut amener la guérison radicale:

elle doit revenir à la foi catholique et renier la libre pensée, fille de l'orgueil, des passions et de l'ignorance (1).

Je ne crois pas qu'une personne sensée et amie de son pays puisse nier l'influence moralisatrice et civilisatrice de la religion. N'est-ce pas aux chrétiens que Jésus a dit en s'adressant à ses disciples assemblés sur la montagne : « Vous êtes le sel de la terre; vous êtes la lumière du monde » (2)? Vous êtes la lumière du monde, c'est-à-dire vous êtes les pilotes de l'humanité sur la mer de ce monde; vous êtes le sel de la terre, c'est-à-dire c'est vous qui préservez la terre de la corruption. Rien de plus vrai. On ne saurait se faire une idée du vide immense que ferait en France la disparition subite et simultanée de toutes les œuvres inspirées par la religion, et le plus cruel châtiment que le catholicisme pût infliger à ses aveugles détracteurs, ce serait de se *mettre en grève*. Mais il ne le fera pas, parce qu'il n'en a pas le droit. Et pourtant voilà le résultat que poursuivent *per fas et nefas*, beaucoup de libres-penseurs. Qu'ils essaient donc de remplacer seulement la sœur garde-malade, la sœur hospitalière, et l'admirable *petite sœur* des pauvres ! Oui, si toutes les vertus et tous les dévouements inspirés par l'idée religieuse (3) disparaissaient subitement, l'équilibre moral serait rompu, et la France devien-

---

(1) Je ne prétends pas nier que beaucoup de libres-penseurs sont très-intelligents et très-instruits; mais, en partant d'un principe faux, on va aux abîmes avec tout l'esprit et toute la science du monde. Nul ne s'est tenu et ne se tiendra jamais impunément en dehors de **la voie, la vérité et la vie.** » « *Ego sum* **via, veritas** *et* **vita.** » (Joan. 14 et 6.) Du reste, les libres-penseurs ignorent souvent la lettre et l'esprit de la religion qu'ils combattent, et sont, au moins sous ce rapport, de vrais ignorants.

(2) Sermon sur la montagne. (Matth., V. 13 et 14.)

(3) Qu'on ne vienne pas m'objecter la conduite scandaleuse de quelques catholiques hypocrites, ou même de quelques membres du clergé qui oublient leurs devoirs. Il s'est bien trouvé un traître parmi les douze apôtres, et ils n'en ont pas moins été appelés à l'honneur de fonder l'Église du Christ, et ils l'ont fondée avec l'aide de Dieu sur Pierre, qui avait renié trois fois son maître. Les hommes sont faibles, qui ne le sait? Mais je prétends que le clergé est le corps le plus honnête, le plus moral, le plus charitable et le plus utile qu'il y ait en France. « Que celui qui n'a pas péché lui jette la première pierre. » (Joan., VIII, 7.) Mais qu'il vienne à visage découvert, et nous verrons ce qu'il vaut. Je parle ici, non des individus, mais des différents groupes sociaux, connus sous le nom de corps ou corporations.

drait en peu de temps un pandémonium inhabitable, dont la Commune de Paris nous fournit un remarquable spécimen : peut-on se déchirer à plus belles dents entre frères et amis (1)!

Liberté! Égalité!! Fraternité!!! O grands mots écrits *sur les murs!*

On ne peut donc le nier, la religion est essentiellement moralisatrice et civilisatrice. Quoique cette vérité soit incontestable, je veux répondre succinctement à quelques objections des libres penseurs du parti de l'ordre contre la nécessité, que j'affirme, d'un retour à la foi catholique, si nous voulons redevenir une nation forte et homogène.

IV.

Inefficacité radicale des moyens de régénération proposés par les libres-penseurs du parti de l'ordre.

1re objection. — Pourquoi, me diront les libres-penseurs du parti de l'ordre, vous appuyez-vous exclusivement sur le catholicisme? — Je suis loin de repousser le concours des religions fausses, quoique l'appui me semble fragile : je préfère à un mauvais catholique un protestant convaincu. Mais je prétends que le catholicisme peut seul efficacement protéger l'ordre social. En effet, les intérêts du catholicisme et de la société sont si étroitement liés, que l'insurgé le devine instinctivement. Ce n'est pas le rabbin ou le ministre protestant, c'est le prêtre catholique qu'il poursuit avec la férocité de la hyène; il voit dans le prêtre catholique l'ennemi-né de la révolution, faisant preuve sous ce rapport de plus de sagacité que la plupart de nos hommes d'État,

---

(1) Plusieurs personnages de ce siècle et des précédents ont prédit que les républicains se dévoreraient entre eux, que Paris serait détruit, qu'il cesserait d'être capitale, etc., je trouve que la première partie de la prédiction s'accomplit à merveille, et je désire que les prières des justes détournent de la capitale le châtiment qu'elle a mérité par ses crimes.

**

qui devraient bien mettre à profit la leçon de politique contenue dans la pièce suivante :

« Direction générale des ambulances. »

« Chargé par le citoyen Cluseret de la direction générale des ambulances, je crois devoir expliquer, etc. »

« J'ai *surtout* eu soin d'écarter des blessés ces visites fati-
« gantes de gens, qui, sous prétexte de religion, viennent dé-
« moraliser les blessés en leur faisant un crime du grand com-
« bat soutenu au nom du droit et de la République univer-
« selle, *au point de les faire presque rougir de leurs glorieuses*
« *blessures.* »

« Paris, le 22 avril 1871 . »

« Dr ROUSSEL. »

Ce sera l'éternel honneur de l'Église catholique de n'avoir jamais sacrifié la justice et la vérité aux caprices des tyrans, princes ou démagogues. Que de maux épargnés aux nations, si, au lieu d'écouter les charlatans politiques, elles avaient su profiter de cette force essentiellement modératrice des excès d'en haut et d'en bas ! Que de guerres évitées, si les peuples avaient eu recours à l'arbitrage désintéressé du pontife romain ! Que l'Europe serait différente de ce qu'elle est, si, n'ayant jamais connu le schisme et l'hérésie, elle s'était confédérée sous la présidence du vicaire du Christ !

2° objection. — Mais vous ne tenez aucun compte, me diront-ils encore, du progrès de l'instruction. — Je ferai d'abord observer que l'instruction est une arme à deux tranchants, qui peut servir pour le mal comme pour le bien : l'homme illettré ne commettra jamais de faux en écriture. Tout dépend de la direction. L'instruction primaire est-elle utile? Oui, si l'on y joint l'instruction religieuse ; mais, si l'on bannit Dieu de l'école, c'est autre chose ; et je prétends qu'un *prolétaire* qui a reçu l'instruction *primaire* athée, et ne se fait pas condamner aux galères ou à l'échafaud, est une nature exceptionnelle ou un héros qui mérite une récompense nationale. Et c'est pourtant par l'éducation athée que les libres-penseurs prétendent moraliser le peuple ! En vérité ne doit-on pas se demander si ces hommes jouissent de la plénitude de leur raison ? La charité oblige à en douter.

J'ai admis l'utilité de l'instruction primaire jointe à l'instruction religieuse, mais à une condition pourtant, c'est que l'individu qui l'a reçue aura assez de bon sens pour ne pas dévorer toutes sortes de lectures. L'esprit de l'homme peu instruit est comme l'estomac de l'enfant qui ne peut supporter une nourriture trop forte sans en être incommodé. A qui fera-t-on jamais croire que celui qui ne sait que lire, écrire et compter, puisse lire avec fruit, ou même sans danger, un traité de *ommi re scibili?* Il faudrait être imbécile pour l'affirmer ; et quand l'Église catholique défend la lecture de certains ouvrages sans une permission spéciale, elle a cent mille fois raison.

Il suffit de réfléchir une seconde pour s'en convaincre: l'instruction athée qui doit tout sauver ne sauvera absolument rien, au contraire. Je dis d'abord que l'instruction *secondaire,* dont je ne conteste pas absolument l'efficacité, ne doit pas entrer en ligne de compte ; car c'est à peine si on la donne au vingtième des Français, et ce vingtième appartient à la classe des propriétaires, notables commerçants ou industriels, que l'*égoïsme* suffit *ordinairement* à préserver de la contagion communeuse. Je dis en second lieu que l'instruction primaire, la seule qu'on puisse donner aux dix-neuf vingtièmes des Français, et qui consiste dans l'enseignement de la lecture, de l'écriture et du calcul, ne saurait développer les facultés intellectuelles de l'homme au point de le cuirasser suffisamment contre le socialisme. Celui qui a reçu cette instruction n'a qu'un moyen d'acquérir ce qui lui manque, la lecture ; mais c'est précisément ici qu'il court, par le fait même de l'instruction qu'il a reçue, un immense danger : le voici en présence de deux chemins ; lequel va-t-il prendre ? Tout homme sincère qui s'est arrêté une fois à la vitrine de certains libraires n'hésitera pas à le reconnaître avec moi, notre prolétaire est perdu pour la cause de l'ordre et de la morale, s'il n'est préservé par un immense bon sens ou par ses croyances religieuses. La congrégation de l'*index* est bonne à quelque chose, messieurs les libres-penseurs !

Passons maintenant de la théorie à l’application. Où l’instruction est-elle le plus répandue, demanderai-je à mon tour à mes contradicteurs ? Dans les villes, me répondront-ils, sans hésiter : les populations urbaines savent voter, tandis que les *ruraux* ignorants n’y entendent rien. — Très-bien, messieurs ; mais, puisque l’instruction qui doit, suivant vos doctrines, régénérer le monde, est plus répandue dans les villes que dans les campagnes, comment m’expliquerez-vous ce fait étrange, que toutes nos révolutions se font par les villes, et surtout par celle que vos proclamez *le cœur, la tête et le cerveau* de la France, la capitale du monde intellectuel ?

Comment se fait-il que le pouvoir exécutif juge les grandes villes incapables de choisir leurs maires, pendant qu’il reconnaît aux plus petites communes rurales la faculté de les élire ?

Comment se fait-il que vous allez être obligé *sous peine de mort* de désarmer les gardes nationales ?

Comment se fait-il qu’une bonne partie des députés *du centre de la civilisation* se compose de communeux qui ont obtenu un immense nombre de suffrages ?

Comment se fait-il que les conseils municipaux des plus grandes villes de France, *conseils élus par le suffrage universel,* viennent proposer au gouvernement de transiger avec des brigands ?

Comment se fait-il que les francs-maçons de Paris adoptent le programme de la Commune et *veulent l’imposer* à Versailles ?

Le progrès par l’instruction athée, c’est donc la folie, la violence, la révolution permanente, la barbarie, le suicide ?

Ces francs-maçons, ces conseillers municipaux, ces députés de Paris, ces hommes de la Commune, tels que Rochefort, Delescluze, Pyat, Vermorel, Lullier, Millière, Grousset, Rigault, *e tutti quanti*, sans parler de ceux qui promènent leur indécision à Versailles et ailleurs, cherchant à s’orienter, ces hommes ne sont pourtant pas des ignorants ; ils ont tous reçu l’instruction secondaire ; mais ils sont libres-penseurs, et *pour cela* communeux : l’instruction *même secondaire ou supérieure* n’a pu neutraliser en eux le poison de la libre pensée, et vous prétendez le neutraliser au moyen de l’instruction primaire athée ! Si vous êtes de bonne foi, comme je le suppose, ne niez pas plus longtemps l'enseignement qui ressort de l'étrange situation que je viens de vous signaler ; avouez non-seulement que l'instruction athée ne peut rien pour la solution du problème, mais que l'emploi d'un pareil remède tuerait sûrement notre cher malade : on ne verse plus de liqueurs enivrantes à celui qui a déjà perdu l'équilibre et la raison.

3ᵉ objection. — Et l'égoïsme? — je ne contesterai pas l'influence, hélas ! toute-puissante de l'égoïsme sur le cœur humain.

Sous ce rapport, nous aurions plutôt à modérer qu'à exciter : il faut tempérer l'égoïsme par la morale. Mon concierge est prolétaire ; s'il se trouve bien de sa loge et de son salaire , il aimera mieux faire faction à ma porte qu'aux barricades ; mais je ne lui saurai pas gré *de son calcul.*

Mon valet de chambre, s'il est content de ses gages et de sa nourriture, fera la sourde oreille au rappel communeux, et continuera de cirer mes bottes ; mais je ne lui saurai pas gré *de son calcul.*

Quant à moi, je suis propriétaire, je me trouve bien logé, bien vêtu, bien nourri ; mon porte-monnaie est plein d'or, mon portefeuille bourré de billets de banque : ne manquant de rien, je ne m'insurgerai pas ; mais la société ne me doit rien *pour mon calcul.* Si je ne possédais pas, je serais communeux. Je ne veux rien faire *de ma personne* pour étouffer l'insurrection ; je paie régulièrement l'impôt, qu'on envoie des soldats se faire tuer pour moi avec mon argent.

On pourrait multiplier les exemples de cette nature, et montrer que la société ne doit pas dédaigner le concours de l'égoïsme ; mais on a fait sous ce rapport à peu près tout ce qu'il est possible de faire : le nombre des concierges, des valets de chambre et autres gens à gages n'augmentera plus sensiblement ; la propriété est déjà morcelée à l'excès. Nous aurons toujours, quoi que nous fassions, non-seulement des prolétaires, mais des pauvres (1) ; et, par le fait, le développement de la grande industrie, qui s'appuie sur des machines puissantes et d'immenses capitaux, tend plutôt à augmenter qu'à diminuer le nombre des ouvriers prolétaires. Les chômages, exploités par les sociétés secrètes,

---

(1) « *Pauperes enim semper habetis vobiscum.* » (Joan., XII, 8.)

deviendront un danger social d'autant plus redoutable, que les agglomérations de prolétaires seront plus considérables, et l'ouvrier moins retenu par le sentiment religieux. L'association, même, qui est un moyen d'atténuer tous ces inconvénients, l'association, poussée trop loin, nous ferait tomber en plein dans le socialisme, que nous voulons éviter.

Je ne ferai pas à mes contradicteurs l'injure de leur proposer l'emploi de la compression et de la persécution, c'est-à-dire de la destruction systématique des prolétaires ; ils reculeraient d'horreur devant une telle infamie. Mais si l'instruction athée ne peut rien pour la solution du problème qu'elle compliquerait au contraire ; si l'exploitation légitime du sentiment égoïste, inné chez l'homme, est insuffisante et a déjà donné tout ce qu'on peut raisonnablement en attendre, que reste-t-il à essayer ? Il n'y a plus à compter que sur le sentiment de la famille ; mais ce sentiment essentiellement moralisateur ne produira tous ses effets sociaux que sous l'influence religieuse (1). Cela est si vrai que ni l'instruction, ni l'amour de la propriété, *ni la famille*, n'ont pu préserver du socialisme ces francs-maçons, ces conseillers municipaux des grandes villes, ces députés de Paris, ces membres de la Commune, dont nous avons parlé ; ils avaient pour se préserver *tous* les moyens proposés par la politique athée, et ils ont succombé ; ils étaient libres-penseurs, et ils sont *pour cela* communeux. Et si en présence de ces centaines de milliers, pour ne pas dire ces millions de libres-penseurs communeux, mes contradicteurs ne peuvent me citer un seul *vrai catholique*, et ils ne m'en citeront pas un, qui ait *seulement adhéré* à la Commune, n'ai-je pas le droit de conclure que **la libre pensée est un immense danger social**, et que le catholicisme est le vrai, le seul remède à nos maux ? Que tous ceux qui contribuent, et il y a mille manières d'y contribuer, à *décatholiciser* la France, sont, abstraction faite de toute idée religieuse, de mauvais citoyens, des ennemis de leur pays ?

---

(1) Qu'est devenu le mariage à Paris ? Je parle du vrai mariage, car il n'est pas inutile de faire cette distinction. Les libres penseurs pourraient-ils répondre sans rougir ?

V.

Conclusion.

Voilà donc une solution simple, une solution trouvée depuis longtemps : mettre dans le cœur du prolétaire Dieu à la place de la libre pensée, *la charité à la place de l'envie*. Ce n'est pas plus difficile que cela, et quand on a sous la main une solution si simple et si efficace, ce n'est vraiment pas la peine d'aller en chercher de mauvaises dans la lune. Quand saurons-nous en France qu'on tourne le dos à la liberté en s'éloignant du Christ? Quand cesserons-nous d'appeler *avancés* les rêveurs et les charlatans qui nous font rétrograder vers la barbarie? Quand cesserons-nous d'appeler idées *larges* les idées *de travers?* Quand recouvrerons-nous le *bon sens* politique et la notion du *juste* et de l'*injuste?* Quand serons-nous dégrisés? Peut-être jamais ; car nous avons quelques milliers de mauvais citoyens qui se sont donné la tâche de conserver avec soin et de propager par tous les moyens les préjugés anti-religieux et anti-sociaux.

La doctrine catholique est comme le soleil intellectuel et moral de l'humanité : tout ce qui n'en reçoit pas la lumière vivifiante et nécessaire s'étiole et tombe en dissolution. Mais nos hommes d'État ne se doutent pas qu'en dehors de cette doctrine, qui explique seule le mystère de la vie présente, il n'y a que mensonge, contradiction, duperie et impuissance.

Que les libres-penseurs citent donc un de leurs grands principes politiques, *un principe condamné par l'Église*, qu'ils puissent appliquer partout et en tout temps, *sans s'exposer à un cruel démenti!* Voilà comment on fausse le jugement du peuple : on lui propose et il accepte comme axiomes de prétendus principes *qu'on ne peut appliquer constamment* sans aller aux abîmes, et, quand on s'arrête sur le bord du précipice, le peuple s'indigne et croit qu'on le trahit. N'a-t-il pas raison dans une certaine mesure? Je connais par exemple telles institutions dont le Pape n'a jamais dit autant de mal que leurs défenseurs libres-penseurs, et je suis prêt à leur en administrer les preuves *appuyées de leurs signatures*. Est-ce là une attitude digne et correcte? N'est-ce pas un moyen infaillible de perpétuer les idées révolutionnaires? Aussi nos constitutions vivent ce que vivent les roses..... le soir il n'en reste que les ruines. « Si le Seigneur ne bâtit pas la maison, c'est en vain que travaillent les ouvriers qui la construisent (1). » Que les politiques le veuillent ou non, ce n'est pas en vain que Dieu a parlé aux hommes et leur a donné ses commandements. L'Église catholique, ne leur en déplaise, possède seule *dans la perfection* le secret qui fonde et qui sauve les sociétés, parce qu'elle est l'interprète de Celui qui a fait l'homme et *le connaît;* parce qu'elle est une école de bon sens (2), de charité, de respect mutuel, d'union, d'ordre et de liberté réglée.

Au contraire, la libre pensée *défait* et tue les nations en y introduisant tous les défauts contraires : **l'aberration des idées** (3), l'égoïsme, l'esprit de révolte, de **division**, de désordre et de licence oppressive. Le lecteur veut-il avoir la mesure de la puissance civilisatrice de la libre pensée? qu'il considère la Commune; voilà le type parfait d'une société sans Dieu. Eh bien ! c'est pourtant ce que veulent faire de la France, sans s'en douter, tous ceux qui contribuent à la déchristianiser. Les ré-

---

(1) *Nisi Dominus ædificaverit domum, in vanum laboraverunt qui ædificant eam.* (Ps. 126, 1.)

(2) Le catholique a plus de bon sens que les non-catholiques, pour deux raisons principales : premièrement, parce qu'il a « la crainte de Dieu, commencement de la sagesse » , et par là « la vraie intelligence » « *bonus intellectus* » (Ps. 110, 9 et 10); secondement, parce qu'il *se connaît.* « *Gnothi seauton,* » a dit la sagesse antique, « connais-toi toi-même »; mais, pour se connaître, il faut sonder souvent les plis et replis de sa conscience, c'est-à-dire *l'examiner* pour *confesser* ses fautes. Tout homme qui se confesse sait, par expérience, que *qui ne se confesse pas ne se connaît pas.*

(3) La libre pensée et la révolution ont si bien troublé la cervelle de la gent communeuse que ses chefs lui font croire tout ce qu'ils veulent. Elle déploie contre les moulins à vent, comme Don Quichotte de la Manche, un courage digne d'une meilleure cause; après avoir battu naguère, à Neuilly et à Asnières, les zouaves pontificaux, qui étaient à Rennes, et pris de prétendus drapeaux du Pape qui n'existent pas, elle éreinte en ce moment de prétendus séminaristes. Pitié!

sultats d'un siècle d'efforts ne sont pourtant pas fort encourageants : « Voilà un siècle bientôt que ce pays fait la guerre, dit un illustre écrivain, et il a appris à l'étranger l'art de vaincre ; voilà un siècle qu'il fait librement de la politique, qu'il a des tribunes, qu'il enfante sans nombre les livres et les journaux, et il n'a plus un orateur ni un publiciste. Voilà un siècle qu'il vote, et il est arrivé à ne pas trop savoir comment se défendre de M. Delescluze et de M. Pyat. Ce pays a rebâti Paris sans qu'il soit né un architecte ; il a fait la guerre sans qu'un général ait surgi ; il subit la persécution religieuse, et il attend encore qu'il se lève un chrétien. » Il faut bien avouer qu'il y a du vrai dans ces affirmations de M. L. Veuillot : les hommes qui ont illustré la première République, le premier Empire et la Restauration, appartenaient par leur naissance et leur éducation à l'ancienne société. Aujourd'hui que ce fonds de talents, légué au nouveau régime par l'ancien, est à peu près épuisé, la France est comme atteinte de stérilité ; et pour comble de malheur, l'égoïsme et la division, ces deux enfants jumeaux de la libre pensée, menacent de rendre notre ruine complète et irrémédiable, car « tout royaume divisé contre lui-même périra (1), » suivant la parole « qui ne passe pas », et la France va en faire la cruelle expérience, si elle ne se hâte de brûler l'idole de la libre pensée, pour se jeter dans les bras de celui qui est la *voie*, la *vérité* et la *vie* (2).

> *Mitis depone colla, Sicamber ;*
> *Adora quod incendisti ;*
> *Incende quod adorasti* (3).

Si tu veux vivre, ô France ! humilie encore une fois ton front altier sous l'eau sainte qui régénère ; reçois un nouveau baptême, puisque tu as renié le premier. Reprends ta dignité de

---

(1) « *Omne regnum in se divisum peribit.* »

(2) « *Ego sum via, veritas et vita.* » (Joan., 14, 6.)

(3)   Courbe humblement le front, Sicambre ;
                   Adore ce que tu as brûlé ;
                   Brûle ce que tu as adoré.
                               (Paroles de saint Remy à Clovis.)

fille aînée de l'Église, ton rôle de soldat du Christ; en un mot, « cherche avant tout le règne de Dieu et sa justice, et tout le reste te sera donné par surcroît (1) » ; le passé répond de l'avenir.

Je me résume. La libre pensée a été la cause de nos revers; elle a été surtout la cause de la crise redoutable qui met en péril l'existence même du pays. Je dis plus, c'est la libre pensée qui a fait dévier la révolution de 1789 d'une manière si fatale à la prospérité de la France. Si nos pères avaient su se borner à abolir la féodalité et à réformer les abus, s'ils avaient maintenu l'hérédité dans la maison de Bourbon, glorieuse malgré ses fautes, en alliant au principe d'autorité une liberté sage, qui ne peut coexister avec l'anarchie ou la dictature, la France aurait aujourd'hui plus de 60 millions d'habitants et des richesses incalculables. Mais les libres-penseurs de l'époque s'emparèrent du mouvement et nous engagèrent dans les voies périlleuses de la révolution et de l'impiété. Depuis lors, nous flottons perpétuellement entre la dictature et l'anarchie, sans jamais trouver l'équilibre. Nous comptons nos constitutions soi-disant immortelles par douzaines, et malgré tout, la France s'en va, se disloque, se défait (2). Il est grand temps de reconnaître la cause de nos malheurs, et de brûler l'idole de la libre pensée.

Que les libéraux en soient bien persuadés, en publiant ce petit écrit, je ne songe à ramener ni la féodalité, ni l'inquisition, ni la torture, ni les bûchers : ces choses sont passées, et passées pour toujours. Je n'entrerai même pas dans le domaine politique; ce n'est pas mon élément ; je suis sinon indifférent, au moins très-accommodant sur la forme du gouvernement, pourvu qu'il sauvegarde les principes essentiels et imprescriptibles et les place hors de discussion : un principe ne se discute pas. Je

---

(1) « *Quærite ergo primùm regnum Dei et justitiam ejus, et hæc omnia adjicientur vobis.* » (Matth., VI, 33.)

(2) Un homme de cœur, un honnête républicain, a laissé échapper récemment ce cri de douleur : « O vous tous qui voulez maintenir la France debout, je n'ose plus dire, hélas! glorieuse et grande, etc., levez-vous! c'est un fils dévoué de la République qui vous y convie. »

(Proclamation de M. Valentin, préfet du Rhône, 30 avril.)

veux seulement contribuer, dans la mesure de mes forces et par la persuasion, à la régénération sociale, et je dis que cette régénération, *reconnue indispensable* par tout le monde, ne se fera que par le retour à la foi catholique. Je prétends même servir ainsi et très-efficacement les intérêts de la liberté ; car la dose de liberté que peut supporter un peuple, les libéraux l'oublient trop, se mesure à son degré d'honnêteté : si vous voulez des hommes libres, ayez des hommes honnêtes, et vous ne ferez d'hommes honnêtes que par la morale religieuse, et non par la morale sans base et sans sanction de la libre pensée. Ne vous contentez pas d'écrire sur les murs les mots **Liberté**, **Égalité**, **Fraternité**, mais gravez-les dans les cœurs. N'est-il pas surprenant que des vérités si simples, si *palpables*, trouvent parmi nous des contradicteurs ?

Il est donc évident pour tout homme de bonne foi que nos intérêts politiques et sociaux sont d'accord avec nos intérêts spirituels, et qu'il y a urgence, si nous ne voulons pas nous suicider comme nation, de remettre en honneur les principes catholiques. C'est une question de vie ou de mort : « **Roma o morte** », suivant l'épigraphe que j'ai empruntée aux Garibaldiens. C'est un devoir pour tout homme ami de son pays de travailler dans sa sphère au triomphe de cette idée, et j'y veux contribuer pour ma part en m'efforçant de démontrer que la libre pensée, qui est *un immense danger social*, est au point de vue religieux une aberration que je m'abstiens de qualifier ici.

Je publierai prochainement mon livre sous le titre de **Recherche méthodique de la vérité religieuse**, et le prix en sera très-modéré.

En attendant, je prie le lecteur de vouloir bien propager cette brochure, *s'il croit* qu'elle puisse faire quelque bien.

P. S., 30 mai 1871.

« *Et nunc, reges, intelligite : Erudimini qui judicatis terram.* »
« Maintenant, ô rois, comprenez votre devoir : chefs de nations, instruisez-vous. » (Ps. 2-10).

L'ange exterminateur qu'avait vu Marie Lataste a visité Babylone ; l'humble fille du Sacré-Cœur avait donc vu plus clair que toutes nos fortes têtes de la libre-pensée ! Quelle leçon, si nous n'étions pas si.... !

« *Cecidit Babylon magna !* » Ils sont tombés ces monuments et ces palais dont la France s'enorgueillissait à si juste titre ! ils sont tombés sous les yeux du Prussien ! Et les bandits n'ont pas pu détruire une église, pas même un établissement religieux ! Ils sont tombés ces impies qui avaient déclaré la guerre au Christ ! et ils sont tombés, hélas ! le blasphème à la bouche !

Voilà le résultat le plus clair de vos doctrines, écrivains qui vendiez chaque jour au peuple le poison de la libre pensée ; voilà le dernier terme du progrès que vous avez tant vanté, *du progrès par l'impiété, du progrès-écrevisse* : **la patrie ensanglantée, agonisante, déshonorée.** Allez-vous continuer d'exercer le métier de fabricants d'ânes, d'incendiaires et d'assassins ? Oh ! si ces ruines, ce sang, ces débris humains, cette chute qui va étonner le monde trouvent vos cœurs insensibles, et ne vous empêchent pas de nous préparer de nouvelles hécatombes humaines, que le sang des innocents morts dans cette lutte fratricide retombe sur vous, avec les larmes de leurs veuves et de leurs orphelins !

Et toi, ô ma patrie ! reconnaîtras-tu enfin la main qui te châtie pour te corriger ? Voudras-tu prévenir les derniers coups de la justice par un acte de foi et de repentir (1) ? Entends enfin ce reproche, ou plutôt ce touchant appel de ton Dieu : « Jérusalem, Jérusalem, qui tues mes prophètes, et lapides mes envoyés, que de fois j'ai voulu rassembler tes fils comme la poule rassemble ses poussins sous ses ailes, et tu ne l'as pas voulu ! » (Matth. 23, 37.)

---

(1) Tout n'est pas fini en France et en Europe ; nous aurons d'autres étonnements. Il y a encore bien des crimes à châtier, bien des hontes à effacer ; il faut que Pie IX voie ces réparations, **et il les verra.** Attendons les revirements de 1872 et les faits de 1873. — 5 juillet. Les candidats du parti de l'ordre coalisé viennent d'être élus à Paris par une moyenne de 110,000 suffrages ; mais les chiffres suivants doivent nous engager à triompher *modestement :* 50,000 communeux tués ou déportés ; 75,000 rayés sur les listes électorales, et 75,000 votants. Restons l'arme au bras.

APPENDICE.

POURQUOI JE RIME.

En songeant, dans les derniers jours du mois de mai, aux moyens à employer pour faire paraître cette brochure, et croyant, à tort, me procurer les ressources nécessaires par la publication de quelques vers, je conçus subitement l'idée de rimer, après avoir été plus de vingt ans ennemi de la poésie, sans lire de vers. Les éditeurs n'éditent guère de brochures d'auteurs peu ou point connus par le temps qui court; en ayant vu deux, et n'ayant pu en obtenir que des renseignements donnés avec une obligeance dont je garde le meilleur souvenir, je n'en composai pas moins la boutade que le lecteur verra plus loin et qui pourra l'intéresser. C'est depuis ce moment que je suis en train de devenir poëte.

Mes vers ont-ils quelque valeur? le public sera meilleur juge que moi.

Pourrai-je continuer à rimer *après la publication de mon livre?* l'inspiration ne me fera-t-elle pas défaut? Je serais bien embarrassé s'il fallait répondre à ces questions.

Mais peut-on faire quelque bien par la poésie? — Je le crois. Je trouve que l'on ne se rend pas compte de l'influence considérable et malsaine exercée sur le peuple par la romance à double sens, ou même par la chanson impie et graveleuse. Je crois qu'on pourrait opposer utilement à ces honteuses productions des chansons satiriques. En France, celui qui a fait rire a déjà gagné la moitié de son procès.

Je crois encore qu'on pourrait, par des poésies religieuses et simples, élever le niveau moral et intellectuel du peuple.

Quoi qu'il en soit, je vais donner ici quelques fragments que j'ai composés pour m'exercer ; le lecteur y reconnaîtra nécessairement bien des défauts, mais je lui demande un peu d'indulgence pour l'apprenti-poëte : il retrouvera, du reste, dans ces vers les idées de la brochure.

J'ai encore à publier une pièce sur l'Eucharistie et d'autres pièces satiriques plus poivrées, quoique je n'y nomme personne. Je voudrais en faire un recueil spécial, en séparant les pièces satiriques des pièces religieuses; mais je désire voir auparavant comment *cet essai* sera accueilli.

LA LYRE POPULAIRE [1].

EST-CE UN RÊVE, O MON DIEU !

Je suis auteur satirique :
Je ne bats pas le passant ;
Mais je siffle l'homme inique
Qui n'est pas reconnaissant
Au Dieu grand et magnifique,
Au Très-Haut, au Tout-Puissant.

J'ai trois cordes à ma lyre (2),
Et trois cordes à mon arc : ·
La Satire   (*pour persifler l'impie*)
Jeanne d'Arc (*pour chanter mon pays*)
Israëlle   (*pour adorer mon Dieu*)
    L'Éternelle.

Et lorsque chanter il me plaît,
  L'une accompagne
    Une compagne ;
    L'autre se tait
  Par convenance,
Pour éviter la discordance ;
Mais parfois cette trinité
S'accorde en parfaite unité.
Sur cette merveilleuse chance
Je ne compte jamais d'avance.

Est-ce donc un rêve, ô mon Dieu ! (*le Père*)
Faut-il que je dise à ma muse,
Si belle, si pure, et sans ruse,
A ma muse que j'aime !..... Adieu !

C'est votre conseil que j'implore, (*le Fils*)
Votre volonté que j'adore ;
Car je suis votre œuvre, ô Jésus !
Votre humble instrument, rien de plus.

Mais enfin, si je dois chanter, (*St-Esprit*)
Écoutez, Esprit, ma prière,

Daignez, Esprit-Saint, m'assister,
Car je suis faiblesse et misère.

Inimitable Trinité,
Je t'adore Esprit, Fils et Père,
Je t'adore *trine* Unité,
Sans rien comprendre à ton mystère,
Une et simple pluralité.

Pour te chanter, mon Créateur,
Pour te chanter, mon Rédempteur,
Pour te chanter, Consolateur,
Je voudrais inventer des mots,
A jeter à tous les échos (3) ;

Et si la voix d'un téméraire
Osait attenter à ton nom,
J'écraserais cette vipère,
Oui ! sans jamais pardonner. Non !

Le premier cuistre de la terre
Pourrait, mon Dieu ! te souffleter,
Railler, mépriser ton tonnerre,
Et je ne pourrais l'éreinter (4) !

Mais aujourd'hui, Dieu de ma Dame,
Je veux célébrer mon bonheur ;
Présenter l'objet de ma flamme
A mes amis, à mon lecteur.

Je suis favori de la Reine,
Et mes yeux autrefois éteints,
Depuis que je lui dis ma peine,
Sont toujours clairs, toujours sereins.

---

(1) C'est le titre sous lequel j'ai l'intention de réunir plus tard en brochure mes petites pièces de vers, si le public les apprécie un peu.

(2) C'est la lyre *primitive*, la lyre populaire.

(3) Jusqu'ici les strophes sont inégales et les rimes diversement croisées, ce qui n'est pas conforme aux règles, que j'ignorais, du reste, quand j'ai composé la pièce. Je n'attache pas beaucoup d'importance à cette imperfection, et j'ose même dire que je suis justifié à cause du sujet que je traite.

(4) Je ne suis pourtant pas méchant, dit-on.

Je n'ai rien de caché pour elle ;
Elle aussi ne me cache rien.
Elle met lorsque je l'appelle
Son cœur à l'unisson du mien.

J'aime la Reine ; ô sort bien rare !
L'Époux-Roi n'en est pas jaloux :
C'est que jamais je ne sépare
L'Épouse en mon cœur de l'Époux.

Mais, au contraire, il m'encourage
A me montrer plus complaisant,
Perfectionne mon langage
Pour le rendre plus séduisant.

Bien souvent même il me tourmente :
Mon fils, dit-il, ce n'est pas bien ;
Rien ce matin pour ton amante,
Rien pour moi, du moins presque rien.

O mon Dieu, mon Roi ! si j'oublie
Ton ineffable aménité,
•Que ton archange le publie
Pendant toute l'éternité ;

Et que ma langue suspendue
Refuse de rendre des sons,
Si par la rime dissolue
Jamais j'abuse de tes dons.

Car c'est bien la Vierge Marie,
Lecteur, vous devez le savoir,
Pour qui j'ai de l'idolâtrie,
En qui je mets tout mon espoir.

Oui, je peux rechercher la rime,
Sans me troubler, sans m'égarer ;
Elle connaît mon sens intime,
Sait quand il faudra m'inspirer.

Du cœur je lui dirai, ma Muse,
Si mon vers n'est pas bien paré :
Je veux que ton souffle s'accuse,
Je viens à toi : *Memorare!*

O Rois, princes, grands de la terre,
N'enviez-vous pas mon bonheur ?
Par un insondable mystère,
Je suis plus que vous grand seigneur.

Et vous qui pliez sous la charge,
Pauvres, délaissés, désolés,
Le cœur de mon amante est large :
Vous pouvez être consolés !

Pas de défiance inquiète,
Je serai loin d'être jaloux.
Venez, venez donc à la fête,
Venez aux noces de l'Époux.

Salut ! ô muse Dieudonnée,
Salut ! « **Étoile du matin** »,
Qui guideras ma destinée,
Peu m'importe par quel chemin.

Oh ! veuille, « **Reine des Prophètes** »,
Veuille que ton faible instrument
Te fasse « **Reine des poëtes** »,
Dût-il succomber en rimant.

N'épargne pas, « **Vierge fidèle** »,
J'aime ton inspiration ;
A ta voix si douce et si belle,
Je m'immolerais pour Sion.

Je veux ce qui peut, Vierge pie,
Rendre mes efforts triomphants :
Des traits vengeurs contre l'impie,
Des caresses pour les enfants.

Oh ! donne-moi d'une main sûre
(Nos malheurs, hélas ! sont si grands !)
Un baume pour toute blessure,
Et des hymnes pour tous les rangs.

Je veux pleurer avec la mère
Dont la Mort a brisé le cœur ;
M'affliger avec la misère,
Et railler le Teuton vainqueur.

Ramener à Dieu le coupable,
De l'amour divin l'embraser ;
Le conduire à la sainte table,
Lui procurer le doux baiser.

Je veux aussi chanter ma France,
Que j'aime malgré son orgueil,
L'inviter à la pénitence,
Toujours lui signaler l'écueil.

Ma pauvre France est désolée,
Hélas ! pour son impiété ;
Quand la verrai-je consolée,
Revenue à la vérité ?

Toi qui chéris mon infidèle,
Parle, ô bonne Vierge, à son cœur :
Elle ne sera pas rebelle
A tes charmes, à ta douceur.

Écarte et dissipe le doute,
Montre-nous le chemin du Ciel,
Et fais que chacun de nous goûte
La manne, le céleste miel.

Près de toi, Vierge fortunée,
Je ne connus jamais l'ennui;
Mais je craindrais que ta journée
Ne fût sans profit pour autrui.

Souffre donc, douce Souveraine,
Que je prenne congé de toi :
Tu sais mon amour et ma peine;
Je vais prendre congé du Roi.

Chante, ô très-sainte Sion! chante
Celui qui me donne en ce lieu,
Me donne une muse, une amante,
Fille, épouse et mère d'un Dieu.

Et quand tournas-tu ta pensée
Vers ton pauvre enfant, bon Jésus?
Quand, toute illusion passée,
Il ne t'en chérissait que plus.

Tu le sais, ô Dieu d'Israëlle (1)!
J'ai fait plus de mal que de bien;
Mais tu sais que je fus fidèle,
Fidèle comme un petit chien;

Que je ne fus jamais parjure,
Et ne mordis jamais la main
Qui me donnait la nourriture
Chaque soir et chaque matin.

Aujourd'hui je le dis, sans rire,
Je veux devenir conquérant :
Je veux soumettre à ton empire
Tous les cœurs du monde en pleurant.

Voici le torrent qui déborde :
Est-ce des pleurs ou des amours?
Je ne distingue plus la corde;
Larmes du cœur, coulez toujours!

______

(1) C'est celle des cordes de ma lyre qui est destinée à rendre gloire à Dieu; c'est Israël *féminisé*.

HYMNE NATIONAL ANTICOMMUNEUX.

(4 juin 1871.)

Harangue du citoyen délégué à la guerre à la légion dite des « Enragés ».

Intelligents.

1.

Guerriers sans Dieu, vaillantes brutes,
Le jour sanglant est arrivé
Oui, voici les suprèmes luttes,
L'étendard papal est levé! (*bis.*)
Entendez-vous la *sainte* clique
De Charrette et Cathelineau
Qui jure de *foutre* au tombeau
La **rougissime** République? (1).

______

(1) *Refrain des cinq premiers couplets :*

Aux armes! citoyens. Formez vos bataillons.
Marchons! Marchons!
Que les **ruraux** *crèvent* à Châtillons !

Fiers et patriotes.

2.

Et si dans vos courses guerrières
Vous poussez jusqu'à Saint-Denis (2),
Amis, point de mines altières,
Vous seriez pour le moins occis (*bis*).
D'ailleurs, morbleu! cette flottille,
Nos murs, ces fusils, ces canons,
Seraient encor, sans les Teutons,
A nos Français de pacotille.

Savants et libéraux.

3.

Braves, pas de sensiblerie!
Mais écoutez le grand dervis :

______

(2) Garnison prussienne.

Jésus (**La Vie de**) n'est que supercherie,
Ne croyez pas en Jésus-Christ (*bis*).
Vive la **pensée ànifique!**
Vive la déesse **Raison!**
A bas noble, bourgeois, patron!
Vive la **rouge** République!

Reconnaissants.

4.

Traquez surtout cette canaille,
L'homme du faubourg Saint-Germain,
Le prêtre, dont la valetaille
Vous instruit, vous donne du pain (*bis*).
Guerriers, pourchassez cette clique
Qui ne cherche qu'à vous capter,
Afin de mieux escamoter
L'Incomparable République.

Économistes parfaits.

5.

Purgeons de ces bandits la terre,
Qui nous *vendent* le vin, le blé!
Chacun fera mieux dans son square,
Et qu'il n'y soit jamais troublé! (*bis*)
A mort sergents! à bas boutiques
D'octrois et contributions!
Car jamais sans ça nous n'aurions
La **meilleure** des Republiques.

Amis du soldat.

(*Entrée de nos troupes.*)

6.

Les soutiens de la tyrannie
Sont là prêts à river nos fers;
Donnons-leur sans cérémonie
Des passe-ports pour les enfers (*bis*).
Grand branle-bas! courage! rage!
Pour tuer ces gens tout est bon :
Feu, plomb, fer, pétrole et poison!
Qu'on n'ait jamais vu tel carnage! (1).

---

(1) *Refrain du sixième couplet :*
Aux armes! citoyens. Renversons! Mitraillons!
    Brûlons! Broyons!
Et massacrons! Feu! plomb! fer! couteaux et
           [poisons!

ÉPILOGUE.

—

Désintéressés.

1.

On dit tout bas qu'à la Commune
C'était gens de précaution,
Et pour la déesse **Fortune**
De bien grande dévotion (*bis*);
Libres-penseurs et *faiseurs libres;*
Et tout petit chef fédéré
Pour être plus considéré
Avait billets de tous calibres.
       (*Sans refrain*).

Chère France!

2.

Instruite par l'expérience,
Quoi que t'ait dit le grand dervis,
Ris-toi de sa fausse science :
Ne rougis plus de Jésus-Christ (*bis*)
Tu vis à l'œuvre les sectaires,
Ce que valent les renégats :
Aime le prêtre et tes soldats,
Et purge bien tous les repaires.

L'avenir!
le génie de la France!

3.

Qu'ils tremblent les tyrans perfides
Qui songeaient à mener ton deuil,
Et comptaient sur des parricides
Pour mettre **Bayard** au cercueil! (*bis*.)
Oh! non, tu reverras **ta gloire,**
Et par tes fils régénérés
Les bandits et forbans sabrés,
Et sous tes drapeaux la victoire!

Refrain :

Debout! nobles soldats, vaillants fils de
    De Jésus-Christ.   [Clovis,
Que les bandits mordent la poussière
              [ahuris!

(*Ces refrains, quoique plus longs, n'en sont que plus gracieux.*)

Pourquoi je rime.

(6 juin 1871, éconduit poliment par l'éditeur,
sans avoir le temps de m'expliquer.)

—

A l'instant ce fut ar**rimé :**
Je disais en fermant la **porte,**
Moi qui n'avais jamais **rimé :**
Que le grand diable vous em**porte !**
Et si je courtisais la **muse ?**
Importunons ce par**venu.**
Pourquoi ? — parce que ça m'a**muse :**
— Monsieur, me voici re**venu.**

—

—Monsieur, quel est donc votre ouvrage?
Un scandale? un communeux gris ?
—Oh! non: c'est Vengeons Jésus-Christ.
—Suffit! n'en faut pas davantage.
Mais c'est une plaisanterie !
Que dirait Rataplon ?
    — **hi! haon!**
      (taon-*ton* le moucheron)
— Et que dirait Renan?
    — **hi! haon!**
      (paon-*pan* l'orgueil pim-pant)
Chacun dirait son ânerie.

(7 juin 1871, dans le bateau, pour aller au
convoi de l'archevêque de Paris et des autres martyrs.)

Pan! Pan!!

Tonne, canon des Invalides :
J'aime ces coups *purifiants ;*
Fais-nous par les morts des vivants :
Prêche à ces brutes parricides.

———

Le siége de Voltaire.

(7 juin 1871.)

On dit qu'à son ami Voltaire
(Car ces deux-là font bien la paire),
    L'esprit malin,
    En vrai gamin,
A mis un obus quelque part,
Pour rire, l'agacer, et faire
Un charmant et piquant pétard.
    Oh ! c'est bien fait !
    Oh ! c'est parfait !
Mais il n'est pas encore *par terre.*
Quand j'inaugurerai ce square (*skouère*)
Je ne te dirai pas : Raca,
Grand monsieur de Voltaire !
Insulteur de ma mère !
Mais je dirai deux fois : Caca !
Une pour toi, sieur de Voltaire,
Une pour monsieur ton compère.

———

16 JUIN 1871

25e ANNIVERSAIRE DE L'EXALTATION DE PIE IX AU TRONE PONTIFICAL

Chorus Angelorum
Cantet nunc IO
Tibi PIO
Tibi NONO

Tibi PETRO
Vere PIO
Cantet nunc IO
Chorus Angelorum.

———

SUB TUUM.

(16 juin 1871.)

Sub tuum præsidium confugimus, sancta Dei Genitrix ; nostras deprecationes ne despicias in necessitatibus ; sed a periculis cunctis libera nos semper , Virgo gloriosa et benedicta.

Dans tes bras, ô divine Mère,
Je me réfugie impuissant ;
Ne repousse pas ma prière
Surtout en un besoin pressant ;
Mais en tout temps, ô glorieuse,
O bonne Vierge, arrache-moi
A la tempête furieuse ;
Car je compte, après Dieu, sur toi.

AVE MARIS STELLA.

(20 juin 1871.)

Ave, maris stella,
Dei mater alma,
Atque semper virgo,
Felix cœli porta.

Sumens illud ave
Gabrielis ore,
Funda nos in pace,
Mutans Evæ nomen.

Solve vincla reis,
Profer lumen cæcis,
Mala nostra pelle,
Bona cuncta posce.

Monstra te esse matrem,
Sumat per te preces,
Qui pro nobis natus
Tulit esse tuus.

Virgo singularis,
Inter omnes mitis,
Nos culpis solutos
Mites fac et castos.

Vitam præsta puram,
Iter para tutum,
Ut videntes Jesum
Semper collætemur.

Sit laus Deo Patri,
Summo Christo decus,
Spiritui sancto,
Tribus honor unus.

Salut, Étoile de la mer,
Qui, restant vierge très-pieuse,
Seras pour écraser l'enfer
De Dieu la mère glorieuse.

De l'Ange acceptant ce salut,
Enfante de la paix le gage ;
Change le nom d'Ève qui fut (1)
La cause de notre esclavage.

Romps les liens du criminel,
A l'aveugle rends la lumière,
Guéris nos maux, de l'Éternel
Obtiens tout bien par ta prière.

Montre, ô Vierge, que pour nous tous (2)
Tu es la meilleure des mères ;
Que Jésus fait homme pour nous
Reçoive par toi nos prières.

Obtiens, Océan de bonté,
Obtiens-nous, Vierge incomparable,
La douceur et la chasteté,
Une conversion durable.

Pour assurer notre salut,
Efface en nous la tache impure ;
A ton Jésus, notre seul but,
Guide-nous par la route sûre.

A Dieu le Père tout honneur,
A Jésus-Christ la même gloire,
Gloire à l'Esprit consolateur,
Aux trois même honneur et victoire.

(1) Ou : Prends la place d'Ève qui fut.

(2) *Variante :*
Montre que ce n'est pas en vain
Que tu fus de Jésus la mère,
Et que toujours l'enfant divin
Reçoit par toi notre prière.

MEMORARE.

(24 juin 1871.)

Memorare, o piissima Virgo Maria, nunquam esse auditum a sæculo quemquam ad tua currentem præsidia, tua implorantem auxilia, tua petentem suffragia, esse derelictum. Ego tali animatus confidentiâ, ad te, Virgo Virginum, mater, curro et confugio, coram te gemens peccator assisto ; noli, mater Verbi, verba mea despicere, sed audi propitia, et exaudi.

Souviens-toi, Vierge très-pieuse,
Que tu fis toujours bon accueil
A l'âme éperdue, anxieuse,
Qui, voulant éviter l'écueil,
Implorait ton puissant suffrage,
Ta protection, ton secours,
La sauvas toujours du naufrage.
Mû par le même espoir, j'accours,
O Mère, ô Vierge incomparable,
Mon seul refuge, devant toi
Détestant mon crime exécrable :
Mère du Verbe, exauce-moi !

MAGNIFICAT.

(26 juin 1871.)

MAGNIFICAT
Anima mea Dominum.

Et exultavit spiritus meus
in Deo salutari meo.

Quia respexit humilitatem ancillæ suæ;
ecce enim ex hoc beatam me dicent omnes generationes.

Quia fecit mihi magna qui potens
est, et sanctum nomen ejus.

Et misericordia ejus à progenie in
progeniem timentibus eum.

Fecit potentiam in brachio suo;
dispersit superbos mente cordis sui.

Deposuit potentes de sede,
et exaltavit humiles.

Esurientes implevit bonis
et divites dimisit inanes.

Suscepit Israel puerum suum,
recordatus misericordiæ suæ.

Sicut locutus est ad patres nostros,
Abraham et semini ejus in sæcula.

Gloria Patri et Filio,
et Spiritui Sancto,

Sicut erat in principio et nunc
et semper, et in sæcula sæculorum.

En ce jour mon âme ravie
Veut chanter son Roi, son Seigneur,

Et mon esprit, qu'elle y convie,
Tressaille en Dieu, mon Rédempteur,

Qui grandit son humble Servante
Aux yeux des générations,

Dont la vertu sainte et puissante
Sauve en elle les nations.

Son amour s'étend d'âge en âge
A quiconque l'aime et le craint.

Son bras puissant brise l'outrage
De l'orgueil qui ses lois enfreint.

Il enlève aux rois la puissance,
Et comble les petits d'honneurs;

Donne aux affamés l'abondance,
Otant aux riches ses faveurs.

Fidèle à sa miséricorde,
Il prend pour son fis Israël,

Et confirme dans la concorde
D'Abraham le pacte éternel.

Au Père, au Fils la gloire due,
Comme à l'Esprit de sainteté,

Qui fut, est, leur sera rendue
Toujours, de toute éternité.